Philippe POTEL-BELNER

AF143004

Révoltes antifiscales
et
Fronde parlementaire
de la première moitié du XVIIème siècle

novembre 2018

ISBN   9782322091362

Edition : Books on Demand,
12/14 rond-Point des Champs-Elysées, 75008 Paris
Impression : BoD - Books on Demand, Norderstedt,
Allemagne
Dépôt légal : novembre 2018

© copyright Philippe POTEL-BELNER
 BP 50 Saint-Pair-sur-Mer (France)
  www.langue-et-histoire.com

ouvrages de Philippe POTEL-BELNER parus aux éditions BoD

-volume 14: *dictionnaire étymologique de l' hébreu* (1ère partie: l' hébreu moderne), avril 2018

-volume 15: *dictionnaire des noms celtiques masculins de l' Antiquité,* novembre 2018

-volume 44: *Sanskrit Etymological Dictionary*, june 2017

-volume 62: *les noms des chefs gaulois de la Guerre des Gaules*, juillet 2017

-volume 148: *dictionnaire étymologique des langues gauloises*, janvier 2018

ouvrages disponibles auprès de l' auteur:

-volume 4: *la Première Histoire de l' Humanité*, juin 2012

-volume 5: *dictionnaire des mots de la langue gauloise (1ère partie)*, novembre 2012

Pour des informations complémentaires, consultez www.langue-et-histoire.com

Ceux qui ont pris tout le plat dans leur assiette, laissant les assiettes des autres vides, et qui, ayant tout, disent, avec une bonne figure « Nous qui avons tout, nous sommes pour la paix ! », je sais ce que je dois leur crier à ceux-là : « les premiers violents, les provocateurs, c'est vous ! »

Quand le soir, dans vos belles maisons, vous allez embrasser vos petits-enfants, avec votre bonne conscience, vous avez probablement plus de sang sur vos mains d'inconscients, au regard de Dieu, que n'en aura jamais le désespéré qui a pris les armes pour essayer de sortir de son désespoir.

Mais ne nous trompons pas, il n'y a pas de violence qu'avec des armes, il y a des situations de violences.

Henri GROUÈS dit "l' **abbé Pierre**", discours *la Voix des Sans-voix*

Cette étude est basée sur un travail que j' avais effectué dans le cadre d' une licence d' histoire à l' Université de Caen, en janvier 2009.
Il me semble opportun de la partager avec le plus grand nombre en ce mois de novembre 2018, où, contre toute attente, les Croquants et autres Nu-pieds sont de retour. Cela veut-il dire que les rois et l' aristocratie dévoyée sont aussi de retour ?

Il me plaît à penser que les vies de nos pères sont plus proches de nous que ce que l' on peut penser. N'est-ce pas d' ailleurs là le rêve de tout historien: remonter le temps et voir le monde par les yeux mêmes des témoins de l' époque ?

Philippe POTEL-BELNER, 20 novembre 2018

quelques définitions

les *Plus-apparents*: nom donné par les historiens aux catégorie sociales qui apparaissent dans les documents historiques, parce qu' ils possèdent un patrimoine ou une fonction particulière. Par opposition aux "petites gens" qui sont absents des documents et que les historiens appellent souvent "le peuple menu ".

élections : circonscriptions financières et fiscales de l' Ancien Régime.

élus: sous l' Ancien Régime. officiers chargés de la taille et des aides dans une élection.

Lit de justice: séance parlementaire au cours de laquelle le Roi vient faire entendre sa volonté et par là même obliger le parlement à enregistrer certains édits. Le lit de justice présente un aspect cérémoniel: le Roi s' assoit sur une banquette surmontée d' un dais à fleurs de lys.

les révoltes antifiscales de la première moitié du XVIIè siècle

INTRODUCTION

Emotions, remuements, folies ou séditions c' est comme cela que les hommes du XVIIème siècle appelèrent les révoltes qui éclatèrent un peu partout à cette époque.

Mais que furent réellement ces soulèvements qu' il serait prématuré de qualifier de populaires ? Heureusement, le sujet a intéressé d' assez nombreux historiens. Ils y ont trouvé plus de questions que de réponses et c'est bien qu' il en soit ainsi.

Les bornes temporelles posées sont arbitraires car les révoltes antifiscales ont existé déjà en 1548, avec la révolte des *Pitauds* de Guyenne, et bien avant, et aussi bien après... Si la borne la plus ancienne est quasiment impossible à préciser, on peut par contre, peut-être, arrêter notre étude à 1661 qui représente, d' après Yves-Marie BERCÉ, un tournant dans les révoltes, avec le début du pouvoir Louisquatorzien et une répression plus systématique, mais elle ne signifie pas du tout l' arrêt des révoltes antifiscales, tout juste une atténuation.

Cette période commence avec la fin du règne d' Henri IV (1610), vient ensuite la régence de Marie de Médicis et en 1617, Louis XIII commence a exercer son pouvoir. En 1624, Richelieu entre au Conseil et son « association » avec Louis XIII durera jusqu' à sa mort en 1642. A la mort de Louis XIII, l'année suivante, commence la régence d' Anne d' Autriche, durant laquelle le pouvoir sera exercé surtout par le Cardinal Mazarin jusqu' en 1661.

La principale difficulté de l' étude provient du manque d' informations sur ce qui se passe dans les catégories sociales inférieures,

Il s' agit maintenant de définir l' objet de l' étude, c'est-à-dire, une révolte antifiscale. Pour être appelée « révolte » un événement doit réunir un **groupe** de personnes qui s' opposent violemment, en l' occurrence à une politique fiscale ou aux hommes qui la mettent en œuvre.

Le fisc royal, c'est l' administration chargée d' effectuer des prélèvements sur les revenus et les biens des personnes ou des collectivités au bénéfice du roi. Où cela se complique, c'est lorsque le fisc royal déguise les prélèvements en autre chose, nous verrons cela plus loin.

Nous verrons que chaque profession se révolte à sa manière et contre l' impôt qui le vise.
Tous contestent la fiscalité de cette époque, y compris les hommes de Robe. C'est pourquoi leur révolte a sa place dans notre étude.
Nous intégrerons donc ce qu' on a appelé la « Fronde Parlementaire » à Paris et en Province des années 1648 à 1650.
Par contre la « Fronde des Princes » (de 1651 à 1653) , même si elle a pu parfois s' appuyer sur des revendications antifiscales, peut difficilement être considérée comme une révolte antifiscale, les motivations de ses chefs en étant fort éloignées.

Le cadre étant posé, commençons par expliquer la fiscalité sous l' Ancien Régime, puis décrivons les révoltes, en les classant par le type d'impôt qu' elles contestent, et enfin analysons leurs déclencheurs, leurs causes immédiates ainsi que leurs causes plus profondes.

Le trésor royal au bord de la banqueroute, entre diminution des recettes et augmentation des dépenses

Le fonctionnement du fisc royal

L' impôt de base que payaient la plupart des paysans français au XVIIème siècle était la taille.

Chaque année, le Conseil d' Etat, présidé par le Roi, se réunissait pour fixer la somme à lever dans chacune des grandes circonscriptions fiscales, les généralités, après quoi des officiers locaux, qu' on appelait les élus, déterminaient avec l' aide des Trésoriers de France, le montant précis que chaque paroisse devrait payer. Dans les pays d' Etats, c' étaient les officiers des Cours Souveraines provinciales qui votaient, répartissaient et levaient l' impôt.

En plus de la taille, il y avait une foule d' impôts indirects comme la gabelle sur le sel ou comme les aides sur les marchandises, sur le vin, etc...

les *serpents*

Chaque année, le Surintendant des Finances mettait aux enchères une cinquantaine de contrats de collecte des impôts indirects dans toutes les provinces. Les hommes d' affaires qui les achetaient, et qu'on appelait *fermiers, traitants* ou *partisans* se constituèrent des fortunes, qui leur permirent d' acheter des offices qui les plaçaient haut dans la robe. Ces *fermiers* qui, de plus, prêtaient de l' argent à la Couronne, sont vite devenus très impopulaires: on les surnomma « les *serpents* ».

Ils étaient issus des plus hautes familles de robe, parfois grand négociant étranger, parfois consortium (c'est-à-dire *parti*, association d'où leur nom de *partisans).* Le nom des fermiers était souvent caché, car les négociations et enchères avec le Surintendant des Finances étaient secrètes. Les contrats étaient souvent conclus pour des sommes très inférieures à leur réelle valeur parce que, d'une part le Trésor, au bord du gouffre, n'était pas en position de négocier de bons termes, et d'autre part, la concurrence était faible, les acheteurs étaient peu nombreux en ces temps de crise, de plus ils n'hésitaient pas à s'entendre entre eux. Tout cela au détriment du Trésor Royal et par voie de conséquence au détriment des français.

Les fermiers n'étaient sans doute pas les seuls « à se remplir la bourse », quelle est l'exacte origine des fortunes amassées par les Surintendants des Finances, par les cardinaux de Richelieu et Mazarin ? De tout ça, les français en connaissaient, à des degrés divers, les détails ou pire, se les imaginaient. La colère grondait aussi bien chez le paysan miséreux que chez le Juge au Parlement.

La crise de 1630-1640

La décennie qui a précédé 1630, fut marquée par de mauvaises récoltes, des incidents climatiques et par le déclenchement de la grande épidémie de peste de 1627. Les français avaient de plus en plus de mal à payer l'impôt royal. Le Conseil avec à sa tête le Cardinal de Richelieu, prépara des réformes fiscales afin de mieux faire rentrer l'argent dans les caisses.

- création d'élections dans les pays d'Etats
- envoi de Commissaires du Roi, ayant en général le titre d'*Intendant de justice et de finance,* dans les provinces pour améliorer la perception des impôts et mettre fin à certains privilèges fiscaux, ainsi que mettre au pas les Cours Souveraines de Province trop solidaires de leurs compatriotes.
- création de nouveaux moyens pour faire rentrer l'argent dans les caisses: entre autres, la vente d'offices.

Par conséquent, l' entrée en guerre contre l' Espagne, en 1635, fut une catastrophe pour les finances du Roi. En 1638, le Trésor Royal était au bord de la banqueroute.

Ces graves crises financières , outre une augmentation considérable des impôts ordinaires, entraîna une nouvelle forme de fiscalité. C'est-à-dire que le Roi ne pouvant plus augmenter les impôts, réclama aux villes ou aux provinces des « dons » ou des « emprunts » qui étaient en réalité des impôts supplémentaires. Les intendants dans leur correspondance parlent de la « taille de l' emprunt ». Cela participa aussi à la persécution fiscale. Les villes et les provinces pour payer le Roi sont obligées d' imposer les habitants ou d' emprunter.

Des révoltes presque incessantes

Cette liste est loin d' être exhaustive, il semble que l' on puisse relever environ 500 révoltes durant ce demi-siècle. Elles ont quasiment toutes un caractère antifiscal.

Nous avons sélectionné celles qui nous semblaient les plus importantes.

A part la révolte de Sisteron, qui, bien que peu importante, représente un bon exemple.

1- Les révoltes contre la gabelle et le prix du sel (concernent surtout *le peuple menu* des villes ou des campagnes)

(voir à la fin du chapitre, un bref historique de l' impôt sur le sel)

1639: les *Nu-pieds* de Normandie

Les paysans sauniers de la baie du Mt-St-Michel jouissaient d' un privilège qui les autorisait à obtenir du sel en faisant bouillir de l'eau de mer, et donc de ne pas payer la gabelle (c' est ce qu' on appelle les pays de quart-bouillon). Le 16 Juillet 1639, à Avranches, une rumeur court: un officier venant de Coutances apporterait dans ses papiers l' édit d' instauration de l' impôt du sel dans la région.

Les sauniers accourent et massacrent l' officier de Coutances. La révolte enflamme une région qui va de Coutances jusqu' à Mortain et rassemblent d' autres professions que les sauniers. On l' appelle la révolte des *Nu-pieds* parce que les sauniers travaillaient sans sabots sur les grèves.

Les chefs (parmi lesquels il y a des petits gentilshommes et des ecclésiastiques) essaient de mettre sur pieds une milice, qu' on a appelée "l' armée de souffrance".

Ils envoient des manifestes dans les élections voisines pour les rallier à leur cause. Les manifestes sont signés par un mystérieux « général Jean Nu-pieds ». On y trouve beaucoup de références à la religion, de même que la bannière de *Jean Nu-pieds* aurait été à l' effigie de Saint-Jean-Baptiste.

Mais le 30 novembre de la même année, le Maréchal de Gassion défait l' « armée de souffrance » sous les murs d' Avranches.
Le 14 décembre, à Avranches, a lieu le procès mené par le Chancelier Séguier. Des peines capitales sont prononcées. La ville d' Avranches est punie, remparts abattus et privilèges abolis pour un temps. La répression s' abat sur toute la Normandie, car l' agitation avait été générale.
Le parlement de Rouen est suspendu pendant un an.

2- Les révoltes contre la transformation en élections
(concernent toute une province)

1624: les *Croquants* (II) * du Quercy
Révoltes des campagnes mais aussi des villes contre l' édit royal créant des bureaux d' élection en remplacement des Etats pour administrer les impôts. Effectif supposé 10 000.

* Les Croquants (II)
Il s' agit de la deuxième appellation "Croquants ", celle du XVIIème s.
Le nom « Croquants » provient soit de la ville de *Crocq* dans le Limousin, soit du verbe *croquer*, soit d' une de leurs armes, le *croc*.
(note de 2018: il s' agit d' une étymologie académique qui n' a rien à voir avec la véritable explication philologique ! Pour les philologues, voir à la fin du chapitre...)

Les premiers Croquants datent de 1593-1595 avec des rassemblements d' habitants des villes et des villages de province qui réagissent contre les troupes des guerres ligueuses qui mettaient le pays à feu et à sang. Ils s' appellent entre eux les *« tard-avisés »* , qui pourrait signifier: "ceux qui ont supporté trop longtemps avant de se décider à réagir".

1630: les *cascadeu* lors de la Folie de la ville d' Aix (Provence)
Contre l' édit instaurant des élus dans la province.
Un conseiller au parlement crée une sorte de parti politique, avec re-gistre d' adhésion, cotisation et insigne: un grelot appelé, *cascadeu*, at-taché à un ruban bleu.
Les 3 & 4 Novembre, les paysans du bassin d' Aix descendent dans la ville, peut-être pour protester mais sans doute aussi dans une perspec-tive de distraction ou d' attrait du pillage. Le cortège quitte la ville et va mettre à sac les bois et les métairies du seigneur de La Barben à quelques lieues de là. Ensuite, les notables d' Aix prennent peur et refu-sent l' entrée de la ville aux manifestants.

1632 juin à sept: Languedoc
Le Duc de Montmorency, Duc et Pair du Royaume, se met à la tête des Languedociens en rébellion contre le projet de création d' élections en Languedoc. Louis XIII mène lui-même l' armée qui les bat le 1 Septembre 1632 à Castelnaudary. Montmorency devait être rejoint par le frère ca-det du Roi, Gaston d' Orléans avec des troupes, mais celui-ci, devant traverser toute la France, ne peut le rejoindre à temps. Montmorency est décapité à Toulouse.

3-Les révoltes contre les impôts indirects

(concernent surtout les *Plus-apparents*, appuyés par le menu peuple urbain)

1617: Sisteron (Provence)

Profitant du travail de René PILLORGET, nous allons détailler un peu cette révolte. Non, qu' elle fût particulièrement importante, mais elle peut servir d' exemple.

A partir de 1616, le fermier prétend lever, à Sisteron, une taxe sur la route du Dauphiné à Marseille.

Cette taxe est de 18 sous par charge, soit 15 sous pour la domaniale et 3 sous pour la foraine.

La Chambre des Comptes d' Aix confirme cette taxe.

La communauté est déjà en procès avec ce fermier à propos d'un bureau dont elle refuse la présence sur son sol.

Déjà en 1613, un huissier de la Cour et un commissaire député pour l' exécution de l' arrêt du Conseil avaient été forcés de s' enfuir de Sisteron à cause d' une « sédition ».

Cette fois-ci, en 1617, c'est un conseiller à la Cour des Comptes d' Aix, en compagnie d' un auditeur, qui est chargé d' aller à Sisteron afin de veiller à l' établissement d' un bureau du fermier dans la ville.

Le 14 juillet, une foule hostile entoure l' hôtellerie où sont logés les commissaires; je cite: ...*Les portes, murailles et planchers du logis sont « rompus avec haches et marteaux »... en dépit des efforts des consuls, Alby de Bresc est « enlevé par le peuple, jeté par terre, battu à coups de pierres et bâtons, traîné par les pieds le long des rues, rompu et déchiré en ses habits. Et meurtri en divers endroits, cet homme de soixante-sept ans est jeté tout sanglant, pour mort en un cloaque, sur le fumier »* (p297). *Il meurt 3 jours plus tard.*

Les sisteronais ont peut-être été encouragés par l' exemple marseillais deux ans plus tôt ?

Quoi qu' il en soit, le 22 juillet, le prévôt des maréchaux s' approche des murailles de Sisteron avec quelques archers, un président du Parlement, un conseiller, un avocat général. Le gouverneur de la citadelle n' ose pas sortir lui prêter main forte car ses soldats sont très inférieurs en nombre à la foule en armes qui proclame: « qu' il valoit mieux mourir avec les armes que par la main du borreau. »

Le 28 juillet, des lettres patentes royales remettent le jugement de toute l' affaire à la Chambre des comptes d' Aix.

Dans les semaines suivantes:

-la garnison est renforcée de 200 hommes.

-la plupart des acteurs de l' insurrection se sont enfuis, aussi beaucoup des sentences le sont par contumace:

-les 3 consuls sont condamnés à la décapitation. Le substitut du procureur du roi à Sisteron est condamné au bannissement. Le Capitaine du Guet est condamné aux galères à vie. Le plus en vue des émeutiers doit avoir le poing droit coupé sur le lieu de l' émeute, puis être brûlé vif. 26 émeutiers sont condamnés à la roue ou à la pendaison. Beaucoup de ces condamnations sont assorties de peines afflictives: soit la question ou confiscation de biens et amendes pécuniaires.

« Ce ne sont pas seulement les individus qui sont frappés. La communauté doit être désarmée, privée de tout privilège, et ne plus avoir de capitaine de guet. Son Hôtel-de-ville doit être rasé, ainsi que sa Fontaine Ronde et, à la place de cette dernière doit s'élever une pyramide commémorative. Elle devra payer une lourde amende au roi, une indemnité à la famille de la victime et faire dire de nombreuses messes pour le repos de l' âme de cette dernière. » (p 299)

La répression a frappé des Sisteronais de tous les milieux sociaux: le premier consul appartenait à la première famille de Sisteron, l' un de ses cousins est Conseiller au Parlement. Le 3ème consul est Sieur de la Louvière.

Le juge royal, Seigneur de Verdaches échappe de peu à une condamnation.

Parmi les 27 émeutiers condamnés à mort, figurent 8 femmes et une autre est condamnée au fouet. Parmi les profession des condamnés, on note un muletier, un maréchal, un potier, un trompette, un sonnalier.

4- Les révoltes contre la taille ou les tailles

(concernent les paysans)

Ces révoltes sont celles qu ont le plus marqué les esprits: elles durent parfois plusieurs années, elles rassemblent parfois des dizaines de milliers de paysans, encadrés par des capitaines de village, des petits gentilshommes, des membres du clergé. Elles prennent souvent une forme de guérilla. Leur répression donne parfois lieu à de véritables batailles rangées contre des régiments du Roi.

-1636 avril à juillet: les *Croquants* charentais: Angoumois, Saintonge, Poitou
Il y aurait eu jusqu' à 40 000 hommes rassemblés dans une révolte paysanne conjuguée avec une révolte urbaine.

-1637mai à juillet: les *Croquants* du Périgord « le plus grand soulèvement paysan de ce temps »
Le début de la révolte se produisit lorsqu' un commis des receveurs vînt distribuer des commissions de taxes pour l' armée de Bayonne.
Il dut s' enfuir et on brûla sa maison. Ensuite, de paroisse en paroisse, le tocsin se mit à sonner. Des chefs nobles furent choisis: le Sieur de La Mothe et de La Forest, écuyer, et Léon de Laval, Baron de Madaillan, ancien lieutenant-colonel c' un régiment de cavalerie.
Le 10 Mai 1637, prise de Bergerac par environ 8 000 croquants. Un témoin raconte: on vit « *l' armée des Communes rangée en bataille, formant 60 compagnies bien alignées, leurs bannières déployées. En fin d' après-midi, quatre cavaliers accompagnés d' un tambour s' avancèrent sous les murs de Bergerac et répétèrent devant chaque porte une sommation d' avoir à accueillir leur armée... Le lendemain, les croquants y firent leur entrée.* » (YMB1-135)
Des manifestes des croquants sont connus. Ils parlent en ces termes: je cite, "*-les responsables de cette oppression, ce sont « les financiers de Votre Majesté, larroneaux, avides de se remplir la bourse ». Ils dévorent comme des fauves affamés..., ils mangent jusqu' aux os les pauvres laboureurs.*" (YMB1-141).

Mais le 1er juin 1637, le Duc de La Valette, à la tête de 3400 soldats du Roi, écrase l' Armée des Communes, à La Sauvetat-du-Dropt. Plus de 1000 Croquants sont tués.
Plusieurs chefs sont jugés et exécutés.

-1638 à 1645: les *Croquants* gascons, comté de Pardiac, à Mirande, Plaisance: empêchement de la levée des tailles. Peu de répression, mais les églises sont déclochées (voir ELRL).

-1642: *Croquants* d'Angoumois et de Saintonge: assassinat de 6 huissiers et un président « en l' eslection d' Angoulême ».
Répression: une cinquantaine de Croquants tués, un de leurs capitaines roué vif.

-1643 juin à oct: paysans du Rouergue: ils réclament un rabais sur les tailles (chefs gentilshommes).

-1658 avril à août, en Sologne: la *guerre des Sabotiers*: ils réclament que le poids des tailles ne soit pas accru par le refus des mauvaises monnaies de cuivre.

5- Les révoltes d'officiers, de magistrats, de parlementaires

1648-1649: Paris: la *fronde parlementaire*.
En Janvier 1648, les Cours Souveraines sont mécontentes à cause de 3 projets du Conseil:
- création de 24 nouveaux maîtres des requêtes (magistrat de robe courte, siégeant dans les Cours). ==> rentrées pour le Trésor, mais dévaluation des offices.
- création du *franc alleu*, impôt spécial sur un certain type de propriété foncière.
- augmentation de l' *octroi* de Paris, taxe sur des biens de consommation entrant dans Paris.
Le Surintendant des Finances *d'Hemery* tenta de faire un chantage à *la paulette* pour obtenir le vote de ces mesures, car l' arrêt de cet impôt créé en 1604 et permettant de rendre une charge héréditaire, n' était pris chaque fois que pour une période de 9 ans, et il expirait justement cette année-là. Entre temps, depuis 1604, la *paulette*, avait évolué en un contrat annuel (comme un *fermage*) qui obligeait le détenteur de la charge à verser 1/60è de la valeur de l' office pour pouvoir la conserver (encore un exemple de l' imagination débordante du Fisc Royal pour trouver de nouvelles recettes !).
D' autre part, beaucoup de magistrats intègres, dont certains hautement placés, considéraient qu 'il était de leur devoir de prendre position par rapport à la gabegie et l' oppression fiscale.
Les Maîtres des Requêtes à Paris, et les Trésoriers de France dans les provinces cessèrent leur travail (peut-être la première grève de la Fonction Publique !).
Le Conseil convoqua les juges de la Grand-Chambre en un *lit de Justice* pour le 15 janvier.
Il avait déjà utilisé cette coutume plusieurs fois pour faire passer ses édits fiscaux. Ce lit de justice était destiné à enregistrer 6 édits sur la création d' offices et d'impôts nouveaux.
Le jeune Roi âgé de 10 ans s'y présenta solennellement, porté par un

Duc et Pair du Royaume(Ranum), accompagné par les membres du Conseil d' Etat: la Régente, Mazarin, Séguier, Gaston d' Orléans etc…

Ce fut une confrontation mémorable, l' Avocat Général Omer TALON dans son discours eut des mots très durs contre la monarchie: il souligna que les gens se trouvaient forcés de vendre leurs meubles pour payer l'impôt. (OR-107)

Quand le jeune monarque quitta la Grand-Chambre, on n'entendit pas crier «vive le Roi ! » comme c'était l' habitude.

Mais, les magistrats ne s' avouèrent pas vaincus et la Fronde continua.

D' Hemery essaya de casser la solidarité des Cours en accordant le renouvellement gratuit de la Paulette s' ils renonçaient à leurs gages pendant quatre ans uniquement aux seuls membres du Parlement de Paris. Ceux-ci refusèrent. Même les pots-de-vin versés par le Conseil à certains juges n'arrivèrent pas à entamer la détermination des Cours.

Puis, le 30 avril, D'Hemery eut l' air de céder en étendant sa proposition à toutes les Cours Souveraines.

Le 13 mai 1648, le Parlement vota l' **arrêt d' union** de toutes les Cours Souveraines, c' est-à-dire qu' elles pourraient dorénavant délibérer ensemble. Puis en Juillet 1648, le parlement élabora un programme audacieux de réforme de l' état en **27 articles**: contrôle du Parlement sur les intendants, accords de remises et réductions de taille, interdiction d' affermer la levée de la taille.

Le « coup d' état » du Conseil: le 26 août 1648

Le tournant de la crise se produisit avec la victoire de Lens sur les Espagnols, qui donna un répit à Condé et à l' armée royale.

Le jour même où les parisiens célébraient la victoire de Lens par un Te Deum en la cathédrale Notre-Dame, des gardes vinrent arrêter le très populaire et respecté Pierre BROUSSEL, conseiller au Parlement et le meneur de la révolte le plus populaire et le plus respecté, malgré son grand âge (73 ans). Aussitôt, le tocsin se mit à sonner dans l' île de la Cité, Paris se couvrit de barricades à l' appel du Prévôt des Marchands et des colonels de la milice qui étaient souvent juges au Parlement.

La situation resta tendue plusieurs mois, jusqu' à ce que la Cour s' enfuit à St-Germain-en-Laye, dans la nuit du 5 au 6 janvier 1649.

Une armée du Parlement et de l' Hôtel-de-ville fut levée, avec une cavalerie majoritairement composée de nobles. Le commandement en fut confié au Duc de Beaufort. petit-fils d' Henri IV, surnommé « le roi des Halles ».

L' armée de Condé. fidèle au Roi, commença un **blocus** de Paris. A la fin de janvier, l' armée parlementaire fit une timide tentative pour rompre l' encerclement, sans succès.

Le 11 mars, la Cour et le Parlement signèrent la paix de Rueil, alors que fin mars les espagnols lançaient une offensive en Picardie. Le jeune Roi ne regagna Paris qu' en Août de la même année. (il aurait pu subir le même sort que Charles 1er d' Angleterre, exécuté juste avant la paix de Rueil)

En Province, les troubles concernent dans une moindre mesure les villes, sièges de Parlement et de Cours Souveraines. A Aix, et surtout à Bordeaux ,les Parlements lèvent des armées.

Aix-en-Provence, juin 1649, la petite armée du Parlement est battue par les troupes du Gouverneur.

A Bordeaux, les troubles de la Fronde Parlementaire durent jusqu' en Septembre 1650. (le 5 Octobre, entrée solennelle du jeune Roi et de la Régente à Bordeaux)

3ème PARTIE:

Déclencheurs, causes immédiates et causes plus profondes

1- déclencheurs

La goutte d' eau qui fait déborder le vase

Le Fisc Royal fit preuve d' une ingéniosité sans bornes pour trouver de nouvelles rentrées d' argent. Il n' est pas étonnant que les français de toutes conditions furent excédés par cette pression fiscale que l'on peut appeler **persécution fiscale**, gardons aussi en mémoire qu' en plus des dizaines d'impôts royaux directs ou indirects et de corvées, d'entretien de troupes, etc... il existait aussi la dîme ecclésiastique, les cens et droits seigneuriaux en argent, en nature et en services et aussi, en ville, des taxes levées par les communes, souvent pour payer des emprunts forcés du roi ou de soi-disant « dons » au roi !

En bas de l' échelle, la goutte d' eau fut parfois le prix du blé ou le prix du pain, le poids des tailles, un changement de mesure dans la vente du sel aux greniers du roi, destiné à camoufler un doublement du prix du sel (Arles 1634).

Mais, pour les *Plus- apparents,* ce pouvait être une énième taxe sur les marchandises en transit.

La révolte touche même jusqu' aux officiers de finance des élections, les "élus", qui se révoltèrent en Basse-Normandie en 1637.

L' arrivée du personnel chargé d' appliquer de nouveaux impôts ou de remplacer les officiers des états par les « élus »: Les plus nombreuses parmi les révoltes urbaines

La rumeur de cette arrivée

Les gens de cette époque sont tellement réactifs, qu' ils réagissent parfois à des rumeurs ou des informations parfois fabriquées par des « Plus-apparents » qui mettent au point des stratégies destinées à favoriser leurs intérêts.

La fête, l' alcool, le pillage

La place de la fête et de l' alcool est probablement importante. Les foules perdent la raison, ensuite il est parfois trop tard. Lorsque le pire a été commis, il n'est plus possible de revenir en arrière. Les émeutes donnent lieu à un déchaînement de violence: les corps sont démembrés, promenés dans la ville, gardés en trophées, etc...

La perspective d' un gain facile lors de pillages a certainement pu entraîner certains émeutiers. Exemple: l' arrivée des paysans lors de la folie d' Aix, etc...

2- causes immédiates

causes fiscales

1-augmentation des impôts directs et indirects

- 1628 à 1633: l' impôt royal (la taille) a triplé (voir Méthivier). (Causes: guerre contre les habsbourg, etc...)

2- créations d' une multitude d'impôts indirects

- multiplicité des taxes. Exemple, parmi les revendications des croquants de 1636: « abolition de tous les menus droits aliénés »...suppression de tous les impôts « nouvellement établis » sur le bétail « de pieds fourché », le bétail « à pied rond », le poisson frais et salé, le fer, l' acier, le papier, la taille, le sol pour livre des marchandises qui se rendent aux foires, des deux liards pour livre du droit de voiture, de l' écumage établi à La Rochelle, du droit annuel des boissons...

3– l' égalisation des provinces

La volonté de la monarchie d' « égaliser » les provinces, de mettre fin à certains privilèges des provinces pour récupérer des impôts et peut-être plus accessoirement de remettre un peu d'ordre dans le désordre administratif qui caractérise l' ancien régime.

Voir par exemple la mission de l' intendant Talon en 1634 pour égaliser le prix du sel en Provence, Dauphiné et Lyonnais.

4-le calcul, la collecte de l' impôt: une opération mal perçue par les gens de l' époque.

Le système d' affermage des impôts fait craindre à juste raison des injustices et des excès. A cette époque, *fermier de la gabelle* ou *fermier de tout autre impôt* rime avec *voleur*.

5-Exemples du passé: La révolte des *Pitauds* de 1548 avait obtenu le maintien du privilège de la Guyenne en matière de gabelle. Henri IV n' avait-il pas accordé en 1599, une remise de 20 millions de livres d' arriérés sur les tailles ?

causes conjoncturelles

1-mauvaise récolte, disette, inflation (monnaie) ou déflation des prix agricoles

Bien que ce ne soit pas des facteurs fiscaux, ils ont une importante influence sur les révoltes antifiscales. Durant le XVIIème siècle, les prix en général ont quadruplé ! (cf Méthivier)

2-les épidémies: Situations dramatiques particulièrement après la **Grande Peste** de 1627-1632. Une question se pose: Le fisc royal a-t-il tenu compte de cela lorsqu' il réclama toujours plus d'impôts. Il semble que non. Le Roi avait un énorme besoin d' argent et cela primait sur tout.

causes politiques (concernent surtout les révoltes urbaines et les révoltes d' officiers)

    1– <u>les « Grands » du royaume, souvent gouverneurs de Province laissent faire ou encouragent</u> (comme le Duc de Guise lors de la folie d' Aix)

    2– <u>Volonté royale de « mettre au pas » les officiers et magistrats qui concurrencent le pouvoir royal et de réduire les pouvoirs locaux, aussi bien ceux des parlements, que ceux des gouverneurs</u>
La monarchie multiplie les mesures visant à réduire leurs pouvoirs (parlements semestres, multiplication et doublages des cours, création de présidiaux.
Les membres du Conseil brandissent la menace financière: diminution ou retard du paiement des gages, dévaluation de la valeur des offices par leur multiplication, taxes défavorables aux hommes de robe.
 La monarchie envoie des hommes à elle dans les provinces- *les intendants*- pour faire respecter ses édits.

3 - causes profondes

causes naturelles

1– le climat: de 1570 à 1640, ce serait ce que certains climatologues ont appelé, l' *hyper-petit âge glaciaire,* mais, plus encore que le froid, certaines années ont été désastreuses pour les récoltes, soit par sécheresse ou au contraire trop de pluie.

causes fiscales

1–Inégalités et particularismes
Aussi bien dans la société que dans l' espace géographique, les inégalités entre les hommes, entre les régions, entre les villes a exacerbé les sentiments d' injustices réelles ou imaginées.
Paysans qui payent la taille contre citadins exempts. Provinces franches contre pays de grande gabelle, pays d' Etats contre pays d' élections, villes exemptées de certaines taxes sur les marchandises contre d' autres qui en payent.

2-l' impôt par répartition a renforcé l' esprit de corps des communautés urbaines ou rurales
Une véritable solidarité verticale s'est mise en place par la force des choses puisqu' il a bien fallu que les communautés rurales ou urbaines s' arrangent pour payer **ensemble** les sommes réclamées par le roi, la taille pour les communautés rurales, des emprunts ou des dons forcés demandés aux villes ou aux provinces. Quand les officiers ou commis du fisc ou du fermier s' approchent pour percevoir un impôt perçu comme injuste, le tocsin appelle tous les habitants à défendre la « petite patrie » et tous y répondent depuis le petit gentilhomme jusqu' aux laboureurs en passant par les bourgeois.

causes psychologiques

1-**refus des nouveautés** qui vont à l' encontre des coutumes anciennes, par exemple: le roi gouverne avec l' assentiment des assemblées des ordres
Cet argument est souvent présent parmi les revendications des révoltés

2-frondes et complots: Le pouvoir royal vacille face à la multitude de complots et de rebellions nobiliaires. Louis XIII est en conflit avec sa mère, avec son frère et avec de nombreux « Grands » du royaume, à la merci, de l' Espagne toujours prête à intervenir dans les affaires intérieures françaises.

Nous conclurons cette 3ème partie par les 2 facteurs historiques qui résument les causes générales de ces révoltes:
1-affirmation de l'état, centralisateur et autoritaire.
2- affirmation d'un nouvelle force qu' on peut qualifier de « bourgeoise » faute d'un meilleur terme, puisque cette force est composée aussi bien de nobles d'épée ou de robe que de négociants. Ces hommes qui tirent leur pouvoir des Parlements et des Cours Souveraines contestent le pouvoir autocrate et absolu du Roi.

CONCLUSION

Arrivant à la fin de notre étude, nous pouvons à présent faire une remarque et poser deux questions.

Remarquons, tout d'abord, que le Domaine Royal semble peu enclin à se révolter, mis à part, les officiers parisiens. Est-ce à cause de l' ancienneté et de la stabilité de ses structures ?

Quelle était la composition des révoltés ? Les foules étaient bien sûr composées de paysans à la campagne et d' ouvriers, d' artisans, de gagne-deniers à la ville.

Ce qui étonne c'est premièrement le rôle joué par les femmes (voir la proportion de femmes condamnées lors de la révolte de Sisteron et divers témoignages signalant des cortèges de femmes suivant les bandes de croquants). On peut aussi signaler sans doute une forte proportion de jeunes gens de tous les états, y compris parmi les plus apparents.

Le deuxième sujet d' étonnement, c'est l' origine sociale des chefs de la révolte. Les bataillons de paysans ont parfois à leur tête, leur curé et leur seigneur.

On soupçonne fortement quelques ecclésiastiques d' Avranches d' avoir été les chefs de la révolte des Nu-pieds.

Des hommes de robe encouragent ou sont à l'origine de certaines révoltes urbaines, ils sortent même parfois l' épée. Jusqu' à une partie de la noblesse qui, par exemple en Provence, appelle à prendre les armes contre les élus, et par conséquent contre les troupes royales qui les protègent.

Parmi les victimes des procès, il y a des gentilshommes et des officiers.

Les révoltes antifiscales présentent-t-elles des caractères révolutionnaires ?

On peut avancer une réponse affirmative. Le menu peuple crie « vive le roi sans gabelle! » et il est resté dévoué au roi, de toute manière il n' a pas la faculté d' imaginer autre chose. Comme en 1789, il forme les bataillons qui épouvantent la rue ou la campagne.

Mais, parallèlement à ces mouvements populaires, on distingue un mécontentement des élites, nobles ou roturières, une révolte des *Plus-*

apparents qui ne veulent pas d'un pouvoir royal qui recouvre ses forces et remet en cause beaucoup de règles et coutumes, et gouverne sans consulter les assemblées des trois ordres, contrairement aux coutumes ancestrales du Royaume.

De plus, il n' hésite pas à remettre en cause certains de ses privilèges (nouveaux impôts, multiplication des offices, etc...).

D' autre part, une large partie des élites réalise que la monarchie se retrouve empêtré dans un système financier qui finit par nuire au bien public.

Mon opinion finale est que les révoltes antifiscales ont marqué un divorce entre les français de toutes conditions et le Roi en son Conseil.

Louis XIV en tirera des leçons.

Mais cet enjeu fiscal faillit bien faire trébucher la monarchie absolutiste.

Lors de la période appelée **la Fronde** qui trouve son apogée entre 1648 et 1653, les Parlements ne sont pas loin de réussir à prendre le pouvoir: à Paris, à Rouen, à Bordeaux, à Toulouse, à Aix-en-Provence.

Ils lèvent des troupes, cherchent à acheter des armes, mais aucune armée parlementaire n' est de taille à rivaliser avec l' armée royale...

La différence entre l' Angleterre et la France est sans doute là.

A la bataille de Naseby, le 14 juin 1645, l' armée de Charles 1er est battue par l' armée du Parlement commandée par Cromwell. Le roi d' Angleterre sera décapité en 1649.

la gabelle

Impôt sur le sel créé par Philippe VI en 1340, la plus grosse ressource du fisc royal, n' est pas uniforme à l' intérieur du royaume:

- des **pays rédimés** ont fait un versement forfaitaire: Poitou, Saintonge, Aunis, Angoumois, Gascogne, Périgord, Marche, Limousin, Guyenne, Comté de Foix, Bigorre, Comminges.

- Des **provinces franches** en ont été dispensées: 1° par acte gracieux, lors de leur annexion à la France (Cambrésis, Flandre, Hainaut, Bretagne, Béarn) 2° à cause de leur façade maritime, rendant le contrôle impossible (Boulonnais, Calaisis , côtes de l' Aunis et de la Saintonge, côte du Poitou)

- Dans les **pays de grande gabelle** (Ile-de-France, Picardie, Champagne, Orléanais, Perche, Normandie non-côtière, Maine, Anjou, Touraine, Berry, Bourbonnais, Bourgogne), on doit acheter une quantité raisonnable de sel par an (« sel du devoir ») soit 9 livres, portée à 11 livres 3/4 par personne. Des émeutes s'ensuivent, notamment en Bretagne (greniers à sel pillés à Fougères et à Rennes; 7000 émeutiers; 6000 hommes de troupe engagés dans la répression)

- Dans les **pays de petite gabelle** (Languedoc, Provence, Roussillon, Rouergue, Gévaudan, partie de l' Auvergne, Bresse, Bugey, Dombes, Lyonnais) il n' y a pas de « sel du devoir ».

- Dans les **pays de quart-bouillon** (Normandie côtière) on a le droit de faire bouillir de l' eau de mer

- Dans les **pays de salines** (producteurs de sel), on peut acheter directement le sel aux salines d' état (Franche-Comté, Alsace, Trois-Evêchés, Rethélois, Clermontois)

Les **faux-sauniers** font le commerce clandestin du sel depuis les pays où il est le moins cher vers les pays où il est le plus cher. En 1675, le faux-saunage est défini comme un crime.

illustration: **l' ancienne révolte des Pitauds de 1548**

« sus au gabeleur ! »

Bien qu' elle ne corresponde pas à la période de notre étude, la révolte des *Pitauds* mérite qu' on la mentionne en raison de son exemplarité et le fait quelle fut la première d' une longue série.

Nous sommes en 1548, depuis 7 ans, l' Edit de Châtellerault qui étend le régime des gabelles aux provinces de l' ouest, cause des « remue- ments ». A la mi-juillet, les troubles prennent une ampleur insolite dans le grand sud-ouest.

Des dizaines de milliers de paysans chassent les commis des gabelles jusque dans les villes où ils se réfugient. Poitiers, Blaye, Angoulême sont sommées ou assiégées. Bordeaux, Saintes, Cognac, Libourne sont aux mains des insurgés.

« A Bordeaux, dans la forteresse du château Trompette réside le lieute- nant général en Guyenne, Tristan de Monneins, gentilhomme béarnais, incarnation du pouvoir royal dans cette province. Croyant apaiser le dé- sordre en allant siéger à l' hôtel de ville, il y est massacré par une foule furieuse, le 21 août. » (YMB2)

Le roi Henri II envoie une lettre dans laquelle « il promet de faire droit aux plaintes de ses sujets. En même temps, il envoie en Guyenne Mont- morency, connétable de France à la tête de plusieurs milliers d'hommes. Dans la province apaisée, Montmorency met en œuvre une répression spectaculaire et cruelle, proclamant l' anéantissement des privilèges de la ville de Bordeaux et faisant exécuter jusqu' à, dit-on, 150 des meneurs des révoltes. » (YMB2)

De manière surprenante, le pardon royal ne tarde pourtant pas: En août 1550, les privilèges de la cité sont restaurés, et dès septembre 1549, « la gabelle est supprimée dans les provinces révoltées. »

Cette preuve de faiblesse va-t-elle encourager les révoltes futures ? cela n' est pas impossible.

1- REVOLTES CONTRE LES TAILLES: paysans

appellation & lieu	date	durée	type	effectifs supposés
Les *croquants* charentais: Angoumois, Saintonge, Poitou	1636 avril à juillet	2 mois ?	urbaine et campagnarde	40 000?
les *croquants* du Périgord	1637 mai à juillet		paysanne	plusieurs dizaines de milliers (YMB2)
les *croquants* gascons (comté de Pardiac)	1638 à 1645	7 ans	paysanne & urbaine	7 000
croquants d' Angoumois et de Saintonge	1642		paysanne	
Rouergue	1643 juin à oct.		paysanne & urbaine	
Sologne: la guerre des *sabotiers*	1658 avril à août	6 mois	paysanne ?	

causes	violences	répression
contre les tailles (YMB2), droits sur le vin et les marchandises (RM)		
contre la taille	« plus grand soulèvement paysan de ce temps », prise de Bergerac	bataille contre des régiments du Roi à La Sauvetat-du-Dropt, le 1er juin 1637, env.1000 croquants tués. Lors de la répressions plusieurs chefs sont jugés et exécutés
empêchement de la levée des tailles (Mirande, Plaisance)		peu de répression (YMB2-64)
contre les tailles	assassinat de 6 huissiers et un président « en l'eslection d'Angoulême »	une cinquantaine de croquants tués, un de leurs capitaines fut roué (RM)
réclament un rabais sur les tailles		50 paysans envoyés aux galères
réclament que le poids des tailles ne fût pas accru par le refus des mauvaises monnaies de cuivre		

2- REVOLTES CONTRE LES GABELLES ET LE PRIX DU SEL: peuple menu et artisans

Arles	1601		urbaine		contre la suppression des privilèges de la ville dans la production et le commerce du sel
les *Nu-pieds* de Basse-Normandie	1639 juillet à nov	5 mois	paysanne & urbaine	4000 ?	contre projet d' extension de la gabelle aux pays de *quart-bouillon,* contre un « trafic » d' offices
Médoc	1659				contre les gabelles

3- REVOLTES D'OFFICIERS, MAGISTRATS, PARLEMENTAIRES: robins, officiers, avocats, petits nobles

Mortain, Caen, Coutances	1637		urbaine		les élus fomentent des émeutes contre les taxes que l' on veut leur imposer
Paris: la *fronde parlementaire*	janv 1648 à mars 1649	15 mois	urbaine		refus de l' octroi, refus de l' édit du *rachat*

assassinats d' une vingtaines d' officiers de finances	Armée royale bat « l'armée de souf-france » devant Avranches, le 14 décembre 1639. Procès mené par le chancelier Séguier: env 50 insurgés sont condamnés à la roue ou la pendaison

les commissaires royaux sont chassés	
émeutes, barricades, la cour se réfugie à St-Germain et l' armée royale assiège Paris	

4- REVOLTES CONTRE LA TRANSFORMATION EN ELECTION: toutes catégories sociales

appellation & lieu	date	durée	type	effectifs supposés	causes
les croquants (II) du Quercy	1624		urbaine & campagnarde	10 000 ?	contre l' édit royal créant des bureaux d' élection en remplacement des Etats pour administrer les impôts
les *cascadeu* ou cascavéoux, lors de la Folie de la ville d' Aix	1630	2 mois?	urbaine & campagnarde	qq milliers	contre l' édit royal créant des bureaux d' élection en remplacement des Etats pour administrer les impôts
Provence: Brignoles, Draguignan, Grasse	1630		urbaine ?		

violences	répression
des destructions, des morts lors de rixes entre factions bourgeoises et mise à sac d'une partie de la seigneurie de Barben	Armée royale commandée par Condé
émeutes (RM)	

5- REVOLTES CONTRE DES IMPOTS INDIRECTS: surtout *Plus-apparents* (négociants), appuyés par le menu peuple urbain

Marseille, Salon	1615		urbaine	qq milliers	taxes de la foraine et de la domaniale
Sisteron	1617 (+1613)	3 se-maines env.	urbaine	qq cen-taines	taxes de la foraine et de la domaniale
Dijon (Bour-gogne)	1630 fév-mars	1 se-maine ?	urbaine et campa-gnarde	?	contre la rumeur que le roi allait établir de nouvelles aides sur les boissons
Rouen	1634		urbaine		contre un nouveau droit sur les cuirs
Bordeaux	mai-juin 1635		urbaine et campa-gnarde		contre une nouvelle taxe sur les cabarets et sur le vin (« gabelle » sur le vin)
Guyenne: divers villes dont Agen (17-18 juin)	1635 juin-juillet		urbaine et campa-gnarde		contre une petite taxe sur les cabaretiers et par conséquent sur le prix du vin vendu au détail
Les *croquants* charentais: Angoumois, Saintonge, Poitou	1636 avril à juillet	2 mois ?	urbaine et campa-gnarde	40 000?	contre les tailles, droits sur le vin et les mar-chandises
Rouen, Caen, Vernon, Fa-laise	1637 1638 1639		urbaine		contre les taxes sur les cuirs
Rouen, Bayeux, Caen	1639		urbaines		révoltes antifiscales diverses

destructions et assassinats de commis	
lynchage d' un conseiller à la Chambre des Comptes d' Aix	
ils brûlent des effigies du Roi et du Cardinal, saccagent et pillent quelques maisons	par la milice et la garnison
Le Parlement prend la défense des tanneurs, ils assaillent des maisons. Le gouverneur de Rouen est blessé	
destruction et pillages de maisons,	env.50 insurgés sont tués par les troupes du Gouverneur de Guyenne
lynchages de plusieurs dizaines de gabelleurs, (officiers de finances, sergent royal, notaire royal)	
émotions (RM–102)	
	Armée royale. à Caen le chef « Bras-nud » est roué. Le chancelier Séguier vient juger et condamner les insurgés

Bibliographie (révoltes antifiscales)

YMB1 = BERCÉ Yves-Marie, *Histoire de croquants,* Paris, SEUIL, coll. L'univer
historique, 1986, 411p

YMB2= BERCÉ Yves-Marie, *Croquants et nu-pieds,* Paris,
(1ère édition: Gallimard-Julliard, 1974) coll.Folio Histoire, 1991, 303p

CAREL Pierre, *la révolte des Nu-pieds à Caen en 1639,* Caen 1886

DEGARNE M. , *études sur les soulèvements provinciaux en France, avant
la Fronde. La révolte du Rouergue en 1643*, revue "XVIIè siècle", année 1962
n°56, p 1 à 8

DESCIMON Robert et JOUHAUD Christian, *La France du premier XVIIème siè
1594-166*1, Paris, Belin, 1996

FOISIL Madeleine, *la révolte des Nu-pieds*

ELRL = LE ROY LADURIE Emmanuel, *Histoire des paysans français, de la
peste noire à la révolution,* Paris, SEUIL/PUF, 2002, 797p

MÉTHIVIER Hubert, *l' ancien régime*, Paris, PUF, coll. Que sais-je ?, 1ère éditi
1961 (14è édition 2005), 128 pages

RM = MOUSNIER Roland, *Fureurs paysannes, ...(France, Russie, Chine),* Par
Calman Lévy, 1967

RP = PILLORGET René, *Les mouvement insurrectionnels de Provence entre 1
et 1715,* Paris, éd. A. PEDONE, 1975, 1044p

OR = RANUM Orest, *The Fronde. A French Revolution 1648-1652,* New York
Norton & Cy, 1993 (trad. fr. Paris, SEUIL, 1995)

Petite étude <u>philologique</u>: **les Croquants**

L' étymologie de la plupart des racines **KROK** ou **KRUK** dans les langues européennes est:
< KR̩- aua-K = qui fait (KR) assembler (K) vers le bas / en bas / en un / à l' intérieur (aua)
On retrouve cet étymon:

<u>anc.FR</u>: une *croche* = un crochet / un ouvrage avancé en rivière pour protéger le pied d' une construction.
CROCHIER = accrocher, écraser, frapper < qui assemble en un / qui assemble vers le bas.

<u>FR</u>: *GRUGER* = tromper < faire assembler vers le bas = faire réussir mal.
CROQUER = manger < faire assembler à l' intérieur.
une *cruche* = récipient / idiote < qui fait assembler à l'intérieur / vers le bas (qui assemble mal = qui comprend mal = idiot)

<u>latin</u>: *crux* = croix, torture, tourment < qui assemble en un / qui assemble vers le bas.

<u>angl</u>: *a crock* = un mauvais cheval, un croulant (pour une personne) < qui fait assembler mal = qui n' est pas efficace pour relier deux endroits ET qui assemble mal = qui ne comprend rien ET qui assemble vers le bas (= croulant)
a crock = une cruche , un pot < qui assemble à l'intérieur.
a crook = un croc, une houlette, un escroc. La symbolique de *la houlette* du berger est celle de Celui *qui réunit / qui assemble le troupeau.*

<u>gallois</u>: *CRUGO* = se faire du souci, être contrarié

CONCLUSION: il devait exister dans certaines régions de France, un mot KROK signifiant "pauvre" = qui assemble vers le bas; qui comporte aussi une connotation de "Ceux qui sont unis". La terminaison *-ant* est un suffixe agentif classique.

la fin de la révolte parlementaire à Paris: la *Paix de Rueil*, en 1649

document: extrait de *chronique discontinue de la Fronde (1648-1652)*, texte des lettres envoyées par Abraham de Wicquefort, un témoin hollandais présent à Paris.

un témoignage sur la paix entre le Parlement et la Reine, signée le 11 Mars 1649, à Rueil.

ANNEXE : **les personnages du texte**

Le Parti du Roi

-La Régente, **Anne** d' Autriche (1601-1666), fille du Roi d' Espagne Philippe III.

-Cardinal **Mazarin** (1602-1661) italien, d' abord diplomate du Pape, puis homme de Richelieu. Il fût désigné par Louis XIII dans son testament, comme futur ministre principal en le nommant membre du Conseil de Régence et parrain du jeune Roi.

- **Gaston d' Orléans** (1608-1660) frère de Louis XIII, appelé " Monsieur " ou " Duc d' Orléans ".

- la **Grande Mademoiselle**, fille du Duc d' Orléans (1627-1693) Anne Marie Louise d' Orléans, Duchesse de Montpensier , accompagne son père mais est plutôt frondeuse. Elle sera très active lors de la Fronde des Princes. (L5)

- **Prince de Condé**, dit " le Grand Condé ", " Monsieur le Prince " (1621-1686) Duc de Bourbon, Prince du sang (L5)

 - Henri de Chabot (1616-1655) Duc de Rohan par son mariage, terre érigée en Duché-Pairie en décembre 1648.

Parti du Parlement

- Armand de Bourbon (1629-1666), Prince de **Conti** (Prince du sang) frère puîné du Grand Condé.

- Duc de **Bouillon** (1604-1652) Frédéric Maurice de la Tour d'Auvergne

- Vicomte de **Turenne** (1611-1675) Henri de la Tour d' Auvergne, frère du Duc de Bouillon.

- Duc (8ème) de **Longueville** (1595-1663) Henri d' Orléans, marié à la soeur du Grand Condé

- Duc d'**Elbeuf** (1596-1657) Charles II de Lorraine, époux de Catherine-Henriette légitimée de France (fille bâtarde d' Henri IV).

-Duc de **Beaufort** (1616-1669) François de Bourbon-Vendôme, dit " le roi des Halles " (L20)

-Henri (Duc) de **La Trémoille** (parfois orthographié Trémouille ou Trimouille) (1598-1674) 3ème Duc de Thouars, Prince de Talmont et de Tarente

-Duchesse de La Trémoille, Marie de la Tour d' Auvergne, soeur de Bouillon et de Turenne.

A noter que Bouillon, Turenne et Henri de La Trémouille sont petit-fils de Guillaume le Taciturne, Prince d' Orange et de Nassau, stathouder des Provinces-Unies.

Extrait de la lettre de Wicquefort:

"Il est certain que l' accommodement entre la Cour et le Parlement fut signé jeudi 11 du mois [de mars 1649] *sur le midi, et au même temps il y eut ordre d' ouvrir le passage pour les vivres, qui depuis cela arrivent ici en assez grande abondance. Après dîner les députés allèrent à Saint-Germain en remercier la reine, qui le signa le même jour. Il est certain que M. le Cardinal* [Mazarin] *l' a aussi signé, et que son nom y est immédiatement après ceux de M. le duc d' Orléans et de M. le Prince* [de Condé] *[...].*

Les principaux articles de cette paix qui ne regarde que la ville, le hostilités ne laissant pas de continuer avec les princes et généraux, sont que le Parlement ne s' assemblera pas devant [avant] *la saint Martin, s' il n' y a infraction à la déclaration du mois d' octobre, laquelle sera exécutée de point en point selon sa forme et teneur.*

Que le Parlement ira à Saint-Germain tenir une séance où le roi sera en son lit de justice, pour témoigner son obéissance; pendant quoi, ainsi qu' il est accordé par article secret, M. le duc d' Orléans, Madame sa femme et Mademoiselle sa fille viendront en cette ville pour servir comme d' otage.

Que les princes et seigneurs seront conservés ès honneurs et dignités qui leur ont été conférés par le Parlement pendant l' éloignement de la Cour; que les semestres de Rouen et d' Aix seront supprimés, et que les deux présidents ou conseillers du Parlement seront envoyés pour assister avec les autres plénipotentiaires du roi aux traités de la paix avec l' Espagne [...]

Mais l' on sut le même jour [le 13 mars] que cette résolution ne procédait que de la prudence du Parlement, lequel se voyant assiégé par le peuple, qui rejetait hautement les conditions de la paix, ne demandant que la guerre, voulait prévenir le désordre qui eut pu en arriver si l'on eut publié la paix. Et de fait le bruit fut très grand que les boutiques furent fermées et M. de Beaufort, comme le plus populaire, fut obligé de sortir de la chambre jusqu' à trois fois pour assurer le peuple qu' il ne l' abandonnerait pas [...].

Celui qui contribuait le plus à ce bruit est un certain avocat, lequel étant par sa pauvreté réduit à n 'être que le patron des pauvres, avait amassé mille ou douze cents habitants des faubourgs Saint Jacques et Saint Marceau, la plupart en armes de pistolets et d' armes courtes sous leurs manteaux, fut assez hardi pour demander entrée au Parlement et pour y dire qu' il portait parole pour cinquante mille hommes, qui empêchaient tous la ratification du traité fait à Rueil, parce qu' il rétablissait M. le cardinal en ses premières honneurs et dignités [...]

Il est certain que le duc de la Trémoille a envoyé deux exprès, un pour donner avis de [ce] qui est arrivé en Bretagne à l' occasion de ces troubles. M. de Rohan Chabot ayant su que madame de la Trémoille avait besoin d' aller à Rennes, résidence du Parlement de la province, avait résolu de se saisir de deux tours qui servent comme de château à la ville, mai le Parlement en ayant eu avis ordonna que ces tours seraient rasées présentement et exécuta son arrêt. Ensuite de quoi, Chabot s' étant retiré, et madame de la Trémoille étant arrivée à Rennes, la bourgeoisie la reçut en armes avec les mêmes honneurs qu' ils faisaient autrefois à leurs souveraines, le Parlement la fut visiter en corps, et ayant accepté les offres qu' elle fit de l' affection et du service du duc *son mari, le déclara généralissime dans le ressort de sa juridiction, lui confirmant par ce moyen la qualité et le pouvoir que le Parlement de cette ville lui a donné, pour les provinces de Bretagne, Poitou, Saintes et Angoumois, lesquelles sont toutes en armes."*

INTRODUCTION

La Fronde a toujours posé problème aux historiens. Difficile d' y voir clair à cause de la multiplicité des lieux, des motivations des catégories sociales impliquées, des personnages, de leurs alliances et de leurs revirements. Elle fut très tôt conceptualisée et son interprétation fut, à n'en pas douter, un enjeu politique pour la période moderne.

le témoignage de Wicquefort

C'est dire que le récit des événements qu' en fit Abraham de Wicquefort, et découvert en 1978, par Robert MANDROU, est précieux pour plusieurs raisons: c' est un hollandais, diplomate et historien, très bien informé, et sa chronique épistolaire fut écrite quasi « à chaud ».

De Wicquefort est né en 1606 et mort en 1682. Il s' installa à Paris vers 1644-45, en tant que résident (=consul) de l' Electeur de Brandebourg (l' Electorat de Brandebourg devint la Prusse 50 ans plus tard). Il fut aussi le correspondant à Paris d 'un autre prince allemand : le Duc de Braunschweig Wolfenbuttel.

De Wicquefort était un intellectuel brillant qui écrivit vers la fin de sa vie plusieurs livres historiques et traités de diplomatie assez réputés. Durant son séjour à Paris de 1644 à 1659, il fréquenta l' intelligentsia (chez les frères Dupuy entre autres) et les hommes proches du pouvoir (il semble qu'il établît des relations avec des secrétaires d' état). Ce qui explique sa très bonne connaissance des événements et souvent la justesse de ses commentaires, sans que l' on puisse deviner franchement vers quel parti allait sa sympathie.

Sa chronique est constituée des lettres qu' il envoyait régulièrement au Duc de Wolfenbuttel en Allemagne.

Dans les quatre extraits, présentés par R. Mandrou, il raconte, pour ainsi dire au jour le jour, les journées du 13 au 16 mars qui ont vu se conclure la Paix de Rueil entre la Régente et le Parlement de Paris.

Le premier paragraphe (deux extraits) concerne les négociations et la teneur de « l' accommodement ».

Le deuxième, la réaction du « peuple parisien ».

Le troisième, des nouvelles de province.

1- la victoire, semble-t-il, des magistrats et de la Ville De Paris ?

A la lecture du premier paragraphe, on est étonné par ce qui ressemble à une *victoire des magistrats et de la Ville de Paris*.

1- Pourtant Paris est en situation de vaincu après un siège de deux mois qui a provoqué une pénurie de vivres. Ce premier accord a pour premier effet d' « ouvrir le passage pour les vivres ».

2-Pourtant les « Grands » du Royaume, auxquels le Parlement avait confié le commandement des troupes parisiennes, ont montré leur inefficacité militaire face à l' Armée Royale, très aguerrie et commandée par l' illustre Condé.

« *Les princes, généraux et seigneurs* », les Grands du Royaume dont parle Wicquefort: Il s' agit de Conti, Bouillon, Elbeuf, Beaufort, etc......

3-Pourtant ce sont des députés des magistrats, conduits par le Premier Président, qui sont allés demander la paix à St-Germain, dès le 25 février. (JC-384)

En apparence, la Régente accorde quasiment toutes les réformes réclamées par *ces Messieurs du Parlement,* depuis la Charte des 27 articles du 2 Juillet 1648, déjà accordées durant le mois de Juillet avant de tenter le coup de force du 25 août. Réformes qu' elle avait ensuite confirmées à nouveau lors de la déclaration royale du 22 octobre 1648. (AdW)

Parmi toutes ces réformes dont beaucoup concernaient le fisc, Wicquefort insiste sur plusieurs réformes, qu' il juge probablement représentatives:

-**la suppression des semestres de Rouen et d' Aix**, c'est-à-dire l' annulation des créations d' offices semestres nouveaux dans les cours souveraines de ces deux villes. Semestre signifie qui ne fonctionne que 6 mois sur 12; une façon de vendre des offices et de les dévaloriser en les multipliant et en leur enlevant la moitié de leur pouvoir.

- **des concessions fiscales** avec l' octroi d'une réduction de 20% dans la collecte et l' estimation de la taille pour l'ensemble du Royaume.

Des remises et rabais substantiels sur les impôts indirects, en particulier les droits d'entrée de la viande, du vin et du sel dans Paris.

-révocation des intendants, mise place d' une chambre de justice spéciale pour juger les délits des fermiers des impôts, pas d' incarcération par lettre de cachet, contrôle des Cours sur l' élaboration des impôts, etc...

De plus, le Parlement obtient la présence de deux magistrats aux négociations avec l' Espagne.

La Déclaration Royale d' Octobre 48 comportait 15 articles dont 9 concernaient les finances (JC-376 + OR-194)

Il semble qu' une partie de ces réformes seront effectivement, en partie, appliquées... jusqu' au lit de Justice du Louvre, le 22 octobre 1652 (et l' arrestation de Retz, le 19 décembre).

Cependant, si les principales doléances du parlement sont adroitement satisfaites, la Reine maintient plusieurs exigences que les députés du parlement essaient de minimiser pour ne pas provoquer la colère du peuple et de certains magistrats.

1ère exigence: Mazarin n' est pas renvoyé, il appose même sa signature au traité.

En fait, les négociations à Rueil « se déroulèrent de la manière suivante : Gaston d' Orléans, Mazarin et les ministres s'installèrent dans une chambre, les députés du Parlement dans une salle voisine et les deux délégations communiquèrent par députés interposés. De temps à autre, Mazarin se rendait à St-Germain-en-Laye pour rendre des comptes à la Régente. »(voir Michel PERNOT, Note de la page 273 de sa publication des Mémoires du Cardinal de Retz)

Les députés racontent qu' ils s'efforcèrent de dissimuler au peuple de Paris et aux magistrats les plus radicaux la présence de Mazarin, de peur ,qu' au retour, on leur interdise l' entrée de la ville !

2ème exigence: les magistrats doivent cesser de s' assembler jusqu' à la **St-Martin** (c'est-à-dire le 11 novembre). Exigence importante puisque l' union des cours souveraines, le 15 juin 1648 (en exécution de l' arrêt du 13 mai) et les séances tenues à la Chambre St-Louis avait été considérées comme le symbole de l' insurrection. (H. Méthivier l' a comparé aux délibérations de la salle du jeu de paume en 1789 !)

« *le Parlement ira à St-Germain tenir une séance où le Roi sera en son lit de justice pour témoigner son obéissance.* »

De plus, la Reine essaie de dissocier les princes frondeurs d' avec les magistrats. « *Les hostilité de laissant pas de continuer avec les princes et les généraux.* »

« Diviser pour régner » fut une méthode maintes fois utilisée par le Conseil (par exemple, l' année précédente, la proposition de renouvellement gratuit du droit annuel au seul parlement !).

Wicquefort ne mentionne pas les autres exigences qui ne sont d' ailleurs pas essentielles pour la compréhension des événements. (voir MP-237 : 3, 4,5,6,7)

Comment expliquer cette victoire relative du parlement ?

Wicquefort mentionne plusieurs facteurs qui ont certainement contraint la Cour à rechercher la conciliation avec les magistrats :

1) Les levées de troupes frondeuses en province (3ème paragraphe, ainsi que dans le reste de ses lettres. Exemple: le revirement de Turenne etc…). Il y avait un risque bien réel que ces troupes ne vinssent au secours de Paris.

2) Une offensive de l' Espagne en Picardie qui se précise. Dans cette même lettre (p 129,131) il relate l' interception d' une lettre « à l' Archiduc, pour le prier au nom de tous les généraux (de l' armée de Paris) d'avancer avec son armée » ainsi que la présence de nobles français frondeurs aux côtés des espagnols.

3) Un commencement d' alliance entre la Fronde et l' Espagne. Le 19 février, le Parlement donne audience à don Josef de Illescas, envoyé de l' Archiduc Léopold-Guillaume, gouverneur des Pays-Bas espagnols. (MP-424) Illescas est en réalité Arnolfini, moine bernardin. (Retz p233)

Le 5 mars, Don Francisco PIZZARO deuxième émissaire espagnol arrive à Paris. (Retz p273)

2- le rôle du peuple parisien

La deuxième partie, qui concerne le *rôle du peuple de Paris* durant la révolte parlementaire, a déjà fait couler beaucoup d' encre.

Pour certains des contemporains, lorsque le peuple intervient, il ne s' agit que de « la populace ou la racaille » (*Mémoires* de Jean VALLIER).(JC-358)

Pour DUBUISSON-AUBENAY (dans son *Journal des guerres civiles*, p 182) il s' agit de malheureux qui quémandent quelques pistoles pour aller boire au cabaret. (JC-384) et que les meneurs reçoivent trente sols par jour pour entraîner la foule. (MP-133)

S' agit-il « de manifestations politiques conscientes ou de sédition artificiellement provoquées par des meneurs à gages ? » Michel PERNOT dans son étude sur la Fronde ne tranche pas la question.

Difficile de prendre pour argent comptant tout le bavardage de Retz, avec ses hommes de mains des milieux populaires et ses réseaux paroissiaux... Retz , est d' ailleurs insignifiant pour Wicquefort, qui ne fait qu' « ordonner des prières de quarante heures ». (AdW-118)

Notons néanmoins que dans ces remises en cause de la spontanéité des mouvements populaires, on peut retrouver la propagande, la censure et l'autocensure de l' Ancien Régime, visant à décrédibiliser la Fronde.

De nombreux historiens, s'inspirant de Retz, s' en sont fait l' écho, surtout au XIXème siècle, en ne voyant que manipulations et vénalité dans la Fronde parlementaire ou aventures burlesques dans la Fronde des Princes...

De même, la foule agissante de la Fronde parisienne n' est pas constituée que de la seule canaille ou même de la basoche.

N'est-ce pas un horloger de l' île de la Cité, bon bourgeois, qui met en joue le Maréchal de La Meilleraie, lors des journées des barricades des 26,27,28 août 48 ?

Ici, Wicquefort ne met pas en cause l' authenticité du mouvement populaire qui semble avoir des opinions radicales, pour ne pas dire révolutionnaires.

Quel est cet avocat du peuple mentionné par Wicquefort, qui est d' ailleurs mentionné par presque tous les mémorialistes ?

Michel PERNOT nous en dit plus: « La foule hurlante obéit, semble-t-il, aux ordres d'un personnage peu connu, un avocat au Châtelet, nommé Du Bois, le spécialiste de la défense des truands devant les tribunaux ». Plus tard ,le parlement le fera d' ailleurs arrêter, probablement dans le souci de faire accepter le plus vite possible par les parisiens, la paix avec la Cour, sous la menace de la reprise du blocus et de l' offensive espagnole en Picardie.

Il semble qu'il fût libéré quelques semaines plus tard.

Mais que recouvre le terme « peuple de Paris » ?
Paris fonctionne presque comme les autres villes françaises derrière leurs murs. Elle comporte plusieurs dizaines de paroisses qui ont chacune leur Conseil de fabrique. De plus Paris est divisée en quartiers. Chacun fournit des compagnies à la milice bourgeoise, qui s' assemble au son du tocsin en cas de danger. La plupart des colonels de la milice sont des juges des cours souveraines et les miliciens sont marchands, artisans, ouvriers, bateliers etc...(voir Méthivier p86)

Les parisiens (les « bons bourgeois » seulement) élisent, par étapes complexes, un Prévôt des marchands, et quatre échevins qui siègent à l' Hôtel de Ville.

Ceci pour dire que le peuple de Paris sans ses magistrats se retrouve privé de chefs.

Au moment de la paix de Rueil, même si le peuple a une aversion profonde pour le Cardinal italien, et la Reine espagnole, sa colère le laisse désemparé car les magistrats (du moins la majorité d' entre eux) se sont rangés aux arguments (et peut être aux pots de vin et aux promesses d'avantages) de Mazarin. Certains de ses arguments étaient par ailleurs tout à fait pertinents comme: la situation financière de l' état, la guerre à outrance avec l' Espagne et le spectre des guerres *domestiques*.

Toujours est-il que le Parlement enregistre le Traité avec la Cour, le 1er Avril. Le délai montre bien la détermination des opposants à la paix, qui manifestent encore le 31 mars aux cris de « guerre ! » et « point de Mazarin !». A n'en point douter, parmi les opposants, il y a aussi des magistrats : on relève ici et là, des allusions à de jeunes magistrats radicaux, que leurs pairs d' âge mûr s' évertuent à modérer.

3- Que se passe-t-il en dehors de Paris ?

Troisième question abordée par Wicquefort : Que se passe-t-il en dehors de Paris ?

La plupart des Parlements et des Cours souveraines sont en effervescence et solidaires de Paris. Le **Parlement de Bretagne** n'est pas aussi rebelle que ceux de Guyenne et de Provence.

Même si **la Fronde en province** reste encore peu connue, une ligne de force apparaît : la stratégie de Mazarin est de gagner des hommes –clés à son parti pour faire échec aux princes frondeurs.

Wicquefort relate deux nouvelles de l' ouest. L'une est arrivée le 10 mars, d' après Michel PERNOT (MP-134), le 11 chez Retz (p 297), l' autre quelques jours plus tard.

Le Duc Henri de **la Trémoille**, prince de Talmont et de Tarente, est un prince frondeur du Poitou qui rassemble des troupes pour venir en aide au Parlement de Paris. Mais un des hommes de Mazarin (et de Condé) dans l' Ouest est le Duc de Rohan-Chabot. Ce dernier est chargé de faire échec à la Trémoille.

On entraperçoit le système mazariniste que ses détracteurs n' ont cessé de brocarder : convaincre les hommes en jouant de leur vénalité, par l' argent et les titres.

Pour faire dans la caricature (mais c' est ainsi que des contemporains ont vu les choses) : les *chevaleresques princes frondeurs* combattent le *vénal* Mazarin.

A noter qu' il ne faut pas confondre ce La Trémoille, avec Louis de la Trémoille, Marquis de Noirmoutier qui rejoint les espagnols avec une escorte de 80 chevaux juste avant la Paix de Rueil, et non plus avec Henri-Charles de La Trémoille, le fils de celui du texte, qui lui, par contre, lève des troupes en Poitou pour le parti du Roi, à cette époque.

Ce paragraphe nous donne aussi l' occasion de parler des personnages féminins si caractéristiques de la Fronde, ainsi que des alliances familiales, parfois difficiles à décoder.

Madame de la Trémoille, c'est-à-dire Marie de la Tour d' Auvergne, sœur du Duc de Bouillon et du Vicomte de Turenne, reçoit l' hommage du Parlement de Rennes et fait échec au Duc de Rohan-Chabot. La famille de La Tour d'Auvergne est une puissante famille frondeuse. Un de ses griefs est la perte de la Principauté de Sedan, à la suite de l' implication du Duc de Bouillon dans le complot de Cinq-mars en 1642.

Juste mentionnée par Wicquefort , **la Grande Mademoiselle**, bien que peu active lors de la Fronde parlementaire, sera une des figures emblématiques de la Fronde des Princes.

Fin Mars 1652, elle ira s' assurer militairement du basculement d' Orléans, partie de l' apanage de son père, dans la révolte. Le 2 Juillet 1652, elle fera tirer les canons de la Bastille sur l' armée du Roi lors de la bataille de la porte St-Antoine. Elles sont en tout une dizaine qui joueront un rôle de premier plan, d' aucun diront un rôle cornélien, mais ce sont sans doute de mauvaises langues.

En fin de compte, la stratégie de Mazarin réussit à diviser la haute noblesse ; les frondeurs de l'ouest ne réussiront pas à aller au secours de Paris. En Normandie, le Comte d' Harcourt, « Cadet la perle » bloquera et défera les troupes du frondeur Duc de Longueville, gouverneur de Normandie.

En Allemagne, le Maréchal de Turenne qui vient de se déclarer pour le Parlement et se prépare à converger vers Paris, verra ses soldats mercenaires soudoyés par Monsieur d' Erlach et passer dans le camp du Roi. A noter que c'est Condé qui a prêté l' argent. (voir Méthivier).

CONCLUSION

Pour conclure, on ne peut que souligner la justesse de Wicquefort qui, en quelques mots, réussit à nous faire comprendre les enjeux et les circonstances de la Paix de Rueil.

Les historiens, depuis, n' ont pas fait beaucoup mieux.

Récapitulons. Les forces en présence :

1-Le parti du Roi : Mazarin, la Reine, certains nobles *mazarinés* ou fidèles au Roi, avec un Gaston d' Orléans qui n' apparaît pas comme très sûr. .

2-Le parti des frondeurs : une grande partie des officiers, dont les magistrats de la plupart des cours souveraines ainsi que beaucoup des trésoriers de France et des élus. Le peuple de Paris : riches et pauvres. Certains princes avec leurs fiefs, leurs vassaux et leurs *clients.*

3-L' Espagne, qui n' apparaît pas dans les extraits, mais qui est bien présente dans la lettre intégrale de Wicquefort. (p 126 : accusations contre le maréchal Rantzau. P 129 et 131 : offensive espagnole en Picardie.)

Par ailleurs, dans son récit, lorsque Wicquefort indique la divergence des intérêts entre magistrats et princes, on devine déjà la scission entre les deux Frondes qui va suivre la Paix de Rueil : La Fronde parlementaire que PERNOT appelle « la vieille Fronde » et l'autre Fronde dont le point de départ sera l' arrestation des Princes, le 18 janvier 1650.

Pourquoi « Vieille Fronde ». Pernot ne s'en explique pas. Serait-ce lié au titre du Pamphlet du futur Cardinal de Retz, distribué à la mi-mai 1651, et intitulé « Défense de l' ancienne et légitime Fronde » ?

- probablement... (voir préface des *mémoires*)

Comme Retz, on peut penser la Fronde Parlementaire comme une Fronde légitime et riche de significations politiques. Alors que peut-être, en confondant les deux Frondes, on peut arriver désespérément à la conclusion d' Ernst KOSSMAN : « La Fronde n' ajoute rien à l' histoire...Elle tourne en rond, enfermées dans les bornes de son impuissance. » (cité dans JC-351)

A moins que la seconde Fronde ne soit elle aussi riche de significations politiques. Pourquoi cette alliance, supposée contre-nature, de Condé et de l' Ormée à Bordeaux en 1652-1653 ?

Encore une question troublante, une contradiction de plus...

Bibliographie   La Paix de Rueil

-BÉLY Lucien, *Dictionnaire de l' Ancien Régime,* Vendôme, PUF, 1996, 1384p

-collectif, *Dictionnaire de biographie française,* Paris, Letouzey et A., 2001

-collectif direction MUCHEMBLED Robert, *Dictionnaire de l' Ancien Régime,* Paris, A. Colin, 2004

-collectif sous la Direction du Dr HOEFFER, *Nouvelle biographie générale (46 volumes),* Paris, Firmin Didot frères, 1852-1866

JC = CORNETTE Joël, *Chronique de la France moderne (2): de la Ligue à la Fronde ,1588-1660,* Paris, SEDES, 1995

-DESCIMON Robert et JOUHAUD Christian, *La France du premier XVIIème si 1594-1661,* Paris, Belin, 1996

-DUQUESNE Jean, *Dictionnaire des gouverneurs de province sous l' A.R.,* Pai éd. Christian, 2002

HM = MÉTHIVIER Hubert, *La Fronde,* Paris, PUF, coll.l'historien, 1984 194p

MP = PERNOT Michel, *la Fronde,* Paris, éd. de Fallois, 1994

OR = RANUM Orest, *The Fronde. A French Revolution 1648-1652,* New York ed. Norton & Cy, 1993 (trad. fr. Paris, SEUIL, 1995) 438p

-RETZ (Cardinal de), *Mémoires,* présenté par Michel PERNOT, Paris, Gallimard-folio, 1984 pour le texte, 2003 pour la présentation

AdW = WICQUEFORT (Abraham de), *Chronique discontinue de la Fronde,* présenté par Robert MANDROU, Paris, Fayard, 1978

<u>Mémorialistes:</u> Jean VALLIER, Dubuisson-Aubenay, Retz

SOMMAIRE

les révoltes antifiscales de la première moitié du XVIIè siècle

chapitre II
la fin de la révolte parlementaire à Paris: la *Paix de Rueil*, en 1649

En ce mois de novembre 2018, il m' a semblé opportun de publier ces travaux réalisés en 2009, car cette première moitié du XVIIè s. se caractérise par une "envolée" du montant des taxes et impôts très divers, ainsi que de leur multiplication, qui causa, même si d' autres facteurs entrèrent évidemment en jeu, un divorce, qui faillit être définitif, entre le roi et son peuple, qu' il soit d' ailleurs "menu", bourgeois ou même aristocratique.

Conçu en deux parties, des documents de l' époque illustrent ces deux phases. Par ailleurs, je me suis attaché à rechercher les causes lointaines ou immédiates de ces événements.

Une partie informative et biographique, est également fort utile pour se repérer au milieu de cet imbroglio.

Je trouve qu' il est dommage que ces événements ne soient pas plus connus du grand public qui ne manquera pas, j' en suis convaincu, de se passionner pour les combats de l' "Armée de Misère" combattant l' Armée Royale sous les murs d' Avranches, pour les *Cascadeu* de la folie d' Aix (en-Provence), pour les combats des barricades parisiennes ou pour certains personnages hauts en couleurs comme la Grande Mademoiselle (d' Orléans).

Philippe POTEL-BELNER publie habituellement des livres mettant en relation la philologie et l' Histoire, et concernant plutôt les périodes antiques et médiévales.